1886. 12 Mai
R...

Collection de Feu M. R...

TABLEAUX

MODERNES

MEUBLES D'ART

BRONZES, MARBRES, TERRES CUITES

FAIENCES ET PORCELAINES

ÉMAUX, MINIATURES, BIJOUX

VENTE

Après Décès de M. R...

HOTEL DROUOT, SALLE N° 2

Les Mercredi 12 et Jeudi 13 Mai 1886

A DEUX HEURES

EXPOSITION PUBLIQUE

Le Mardi 11 Mai 1886, de 1 heure 1/2 à 5 heures 1/2

COMMISSAIRE-PRISEUR :

Me ESCRIBE, rue de Hanovre, 6

EXPERTS :

MM. HARO Frères
PEINTRES-EXPERTS
rue Visconti, 14, et rue Bonaparte, 20

M. A. BLOCHE
EXPERT
rue Chauchat, 25

PARIS — 1886

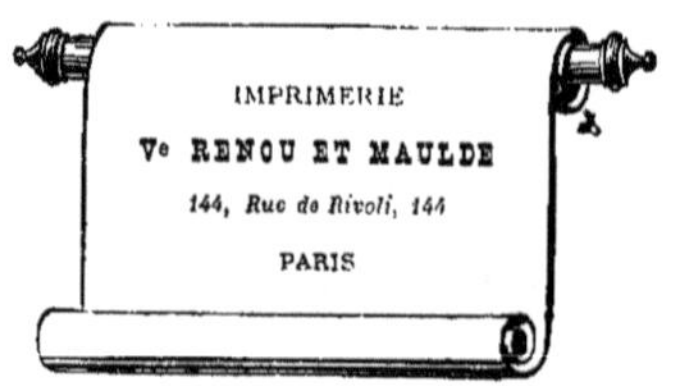
IMPRIMERIE
Ve RENOU ET MAULDE
144, Rue de Rivoli, 144
PARIS

Collection de Feu M. R...

TABLEAUX

MODERNES

PAR

Corot, Diaz, Jules Dupré, Ziem
Veyrassat, Chaigneau, Allongé, L. Couturier, Béraud
Michel, Bonvin, etc.

MEUBLES D'ART

BRONZES, MARBRES, TERRES CUITES
Émaux cloisonnés

PORCELAINES DE SÈVRES, SAXE, CHINE, JAPON
ET AUTRES

Faïences de Delft, Émaux de Limoges, Miniatures
Bijoux anciens, Curiosités diverses

DONT LA VENTE AUX ENCHÈRES PUBLIQUES AURA LIEU

APRÈS DÉCÈS DE M. R...

HOTEL DROUOT, SALLE N° 2

Les Mercredi 12 et Jeudi 13 Mai 1886

A DEUX HEURES

COMMISSAIRE-PRISEUR :

Mᵉ ESCRIBE, rue de Hanovre, 6

EXPERTS :

MM. HARO Frères	M. A. BLOCHE
PEINTRES-EXPERTS	EXPERT
rue Visconti, 14, et rue Bonaparte, 20	rue Chauchat, 23

CHEZ LESQUELS SE DISTRIBUE LE CATALOGUE

EXPOSITION PUBLIQUE

Le Mardi 11 Mai 1886, de 1 heure 1/2 à 5 heures 1/2

PARIS — 1886

CONDITIONS DE LA VENTE

Elle sera faite au comptant.

Les Acquéreurs paieront, en sus des adjudications, CINQ CENTIMES PAR FRANC applicables aux frais.

Aucune réclamation ne sera admise une fois l'adjudication prononcée.

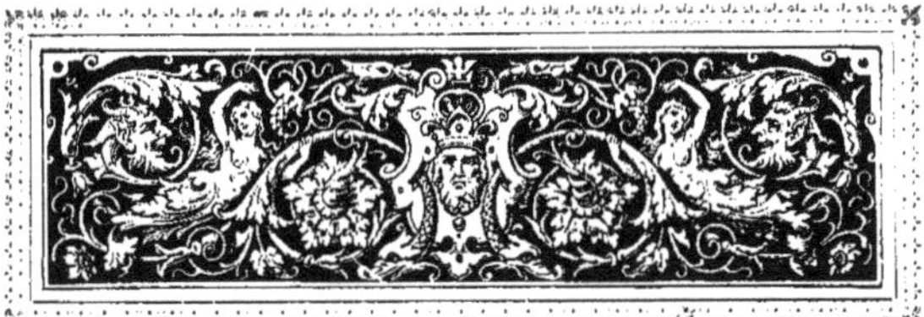

DESIGNATION

ALLONGÉ

1 — *Bords de rivière.*

Paysage (Effet de soleil couchant).

Signé à gauche et daté 1869.

Toile. — H. 0m65. L. 1m

ANASTASI

(Aug.)

2 — *Bords de rivière.*

Paysage (Effet de soleil couchant).

Signé à gauche et daté 1855.

Bois. — H. 0m32. L. 0m49.

BÉRARD

(E. de)

3 — *Rade de Pointe-à-Pitre.*

Signé du monogramme à droite.

Toile. — H. 0m35. L. 0m53.

4 — *Rade de Pointe-à-Pitre.*

Pendant du précédent.

Signé à gauche du monogramme.

Toile. — H. 0m35. L. 0m53.

BERAUD

(Jean)

5 — *Un Coin du boulevard des Capucines.*

Signé à droite.

Bois. — H. 0m15. L. 0m23.

BONVIN

6 — *La Fontaine (Intérieur de cuisine).*

Signé à droite et daté, avec dédicace *à son ami P. Bressant.*

Toile. — H. 0m74. L. 0m61.

COROT

7 — *Paysage.*

Signé à droite.

Toile. — H. 0m62. L. 0m80

COROT

8 — *Le Chemin du village.*

Signé à gauche.

Toile. — H. 0m25. L. 0m34.

CHAIGNEAU

9 — *Un Carrefour (Moutons au pàturage).*

Signé à gauche et daté 1880.

Toile. — H. 0m60. L. 0m80

CHAIGNEAU

10 — *Moutons au pâturage.*

Signé à gauche et daté 1878.

Bois. — H. 0m35. L. 0m27.

COLIN

(PAUL)

11 — *Chaumières à Pomkkino.*

Signé à droite.

Bois — H. 0m27. L. 0m40.

COUTURIER

LÉON)

12 — *Une Alerte (Guerre de 1870-1871).*

Salon de 1880.

Signé à gauche et daté.

Toile. — H. 1m05. L. 0m75.

DIAZ

13 — *Le Pêcheur (Paysage).*

Bois. — H. 0m14. L. 0m23.

DESBOUTIN

14 — *Le Déjeuner.*

Toile. — H. 0m34. L. 0m24.

DESBOUTIN

15 — *Les Prix.*

Signé à droite.

Toile. — H. 0^m29. L. 0^m22.

DONAT-GUILLOT

16 — *Canal de la Somme, à Abbeville.*

Signé à droite et daté.

Toile. — H. 0^m68. L. 0^m80.

DORCY

(De Dreux)

17 — *Tête de jeune femme.*

Signé à gauche.

Bois. — H. 0^m11. L. 0^m09.

DUPRÉ

(Jules).

18 — *En mer (Effet de soleil couchant).*

Signé à gauche.

Toile. — H. 0m55. L. 0m46.

DUPRÉ

(Victor)

19 — *La Mare (Paysage).*

Bois. — H. 0m25. L. 0m40.

FEYEN-PERRIN

20 — *Baigneuse (Bords de rivière).*

Signé à droite.

Bois. — H. 0m24. L. 0m34.

FRAGONARD

(Attribué à)

21 — *La Danse.*

Gouache.

HUE

22 — *Paysage (Clair de lune).*

Signé à gauche.

Toile. — H. 0^m37. L. 0^m28.

LECŒUR

23 — *Les Plaisirs de l'été.*

Signé à droite.

Bois. — H. 0^m31. L. 0^m40.

LÉPINE

24 — *Bords de la Seine.*

Signé à droite.

Bois. — H. 0^m14. L. 0^m22.

MESGRIGNY

(De)

25 — *Bords de la Marne, à Champigny.*

Vente Blanchard.

Signé à gauche.

Bois. — H. 0^m13. L. 0^m22.

MICHEL

26 — *Étang.*

A gauche, une chaumière et de grands arbres roux se reflètent dans un étang qui occupe tout le premier plan. Terrains coupés de lignes boisées, ciel blanc à gauche; à droite, nuées d'orage.

Toile. — H. 0^m49. L. 0^m65.

MICHEL

27 — *Lisière de bois.*

Un chemin pénétrant dans la lisière du bois et un moulin, à gauche. Une grande étendue de plaines, en lumière, conduit aux collines bleuâtres de l'horizon : ciel nuageux.

Toile. — H. 0m 58. L. 0m 70.

PINEL

(Anna)

28 — *Une Bacchante.*

Pastel.

H. 0m 90. L. 0m 70.

PLASSAN

29 — *Bords de rivière.*

Signé à gauche.

Bois. — H. 0m 12. L. 0m 30.

REMBRANDT

(École de)

30 — *Portrait d'homme.*

Bois. — H. $0^{m}83$. L. $0^{m}66$.

SÉGÉ

31 — *Lisière de forêt.*

Signé à droite.

Bois. — H. $0^{m}15$. L. $0^{m}21$.

TROYON

32 — *Vache.*

Toile. — H. $0^{m}37$. L. $0^{m}28$.

VERNON

(PAUL)

33 — *Laveuses (Paysage, bords de rivière).*

Signé à droite.

Bois. — H. $0^m 40$. L. $0^m 55$.

VERNON

(PAUL)

34 — *Paysage : un Cours d'eau.*

Signé à gauche.

Bois. — H. $0^m 22$. L. $0^m 27$

VEYRASSAT

(J.)

35 — *Auberge normande.*

Signé à gauche.

Toile. — H. $0^m 55$. L. $0^m 50$.

ZIEM

36 — *Paysage (Effet de soleil couchant).*

Signé à droite.

Toile. — H. 0^m82. L. 1^m20.

ZIEM

37 — *Vue prise en Hollande.*

Signé à gauche.

Bois. — H. 0^m65. L. 0^m50.

ZIEM

38 — *Vaches à l'abreuvoir.*

Signé à gauche.

Toile. — H. 0^m47. L. 0^m67.

39 — *Sous ce numéro les Tableaux non catalogués.*

MEUBLES D'ART

BRONZES, MARBRES, TERRES CUITES

Émaux cloisonnés

PORCELAINES DE SÈVRES, SAXE, CHINE, JAPON

ET AUTRES

MEUBLES, BRONZES, SCULPTURES
ÉMAUX CLOISONNÉS

40 — Beau Meuble à deux corps en noyer, de style Henri II, orné de bas-reliefs en bronze de *Barbedienne.*

41 — Jolie Vitrine à hauteur d'appui en bois rose et palissandre, ornée de bronzes dorés.

42 — Quatre Chaises en bois sculpté, style Louis XVI, couvertes en étoffe brochée de fantaisie.

43 — Grande et belle Suspension, à 25 lumières, en bronze doré et nickelé de *Barbedienne.*

44 — Belle Console en marbre.

45 — Beau Groupe en bronze : *la Leçon de lecture*, de DELAPLANCHE, édition de Barbedienne, socle en velours rouge.

46 — Belle Statuette en marbre blanc : *le Petit Noël*, de MAUBACH, avec socle en marbre bleu-turquin.

47 — Buste en terre cuite : *la Jeunesse.*

48 — Buste en terre cuite : *Fleur des champs.*

49 — Grand et beau Brûle-Parfums en ancien émail cloisonné de la Chine, riche décor à grecques et ornements sur fond bleu-turquoise, avec anses et pieds en bronze à têtes chimériques, et joli support en bois de fer sculpté de la Chine.

50 — Groupe en marbre : *Léda*, de Fecuère.

51 — Statuette en bronze : *Baigneuse*. Réduction Sauvage.

52 — Groupe en bronze : *Silène, Bacchante et Satyre*.

53 — Bas-Relief en bronze : *l'Arche de Noé*.

54 — Petit Buste en bronze, fondu creux, ancien.

55 — Porte-Allumettes : *Chien* en bronze.

56 — Groupe en bronze doré de l'Empire : *jeune Femme couchée et Enfant*.

57 — Deux petits Supports en bronze doré : Groupe de cariatides.

58 — Joli Encrier en laque, monté en bronze doré à rocailles, godets de Chine, époque Louis XV.

59 — Deux Potiches en métal doré, couvertes de filigrane et d'émaux cloisonnés du Japon.

60 — Deux Gourdes en émail cloisonné de la Chine, fond brun, décor à arabesques.

61 — Socle de la Chine en bois finement sculpté à jour.

62 — Deux Plats en émail cloisonné du Japon.

63 — Plateau en cuivre d'Orient.

64 — Coffret en laque de Chine noir, à rehauts d'or.

65 — Miroir biseauté, avec cadre en bois finement sculpté, style Renaissance.

65 *bis* — Beau Panneau en bois sculpté en haut-relief : Adonis conduit par les Amours près de Vénus endormie. Composition imitée de l'Albane.

66 — Deux Flambeaux en émail de Saxe, décor à fleurs.

67 — Boite à thé en laque de Chine.

68 — Deux Crâbes en bronze du Japon.

69 — Petite Jardinière en ancien laque, montée en bronze doré, style Louis XV.

70 — Dragon en bronze ancien du Japon.

PORCELAINES ET FAIENCES

71 — Paire de grands Vases du Japon, riche décor à médaillon sur fond rouge, représentant des cygognes et des paysages.

72 — Jardinière de Deck, fond bleu, décor oiseaux et fleurs.

73 — Jolie Assiette de Vienne, décor à sujets allégoriques, bordure à rehauts d'or.

74 — Petite Corbeille de Delft doré, décorée de médaillons à paysages et fleurs.

75 — Veilleuse, forme maisonnette, en vieux Saxe.

76 — Bol en vieux Saxe fond vert, médaillon à sujets chinois, monture en bronze doré, style Louis XVI.

77 — Tasse avec Soucoupe fond bleu, décor cage à jours à oiseaux.

78 — Deux petites Jardinières carrées de la Chine, décor bleu truité au dragon.

79 — Deux petits Vases de Saxe, décor chimères et oiseaux.

80 — Petite Jardinière, forme cul-de-poule, en vieux Chine, décor polychrome, mosaïque clatrée et inscription.

81 — Deux Boîtes à thé en vieux Chine, famille verte, décor de figures et paysages.

82 — Paire de petits Vases de Saxe, avec couvercle à figures d'enfant, décor à fleurs, mascarons et draperies.

83 — Petit Écran de Satzuma, décor à rehauts d'or.

84 — Gourde en vieux Chine, décor flambé.

85 — Deux petites Aiguières de la Chine, décor fond vert à carrelages.

86 — Petit Vase, forme tulipe, en porcelaine de Saint-Cloud, fond bleu, médaillon à fleurs.

87 — Bouteille en vieux Japon, décor de fleurs, avec médaillons en relief à oiseaux et fleurs.

88 — Vase côtelé de Delft polychrome, décor à la pagode et médaillons de fleurs.

89 — Six Tasses de la Chine, décor au dragon en vert, monture en argent avec anses de cariatides.

90 — Coupe ovale de Saxe, décor de fleurs, monture en bronze doré.

91 — Brûle-Parfums de Saxe, forme octogone, décor en relief à fleurs et rehauts d'or.

92 — Cafetière de Saxe, décor à fleurs en relief.

93 — Aiguière en vieux Chine, décor à fleurs et écailles de poisson, famille verte.

94 — Quatre petites Figurines en vieux Saxe, sous des bosquets en bronze du temps de Louis XVI.

95 — Très petit Flacon en vieux Chine, famille rose, décor au coq, monture en argent doré.

96 — Deux Boîtes à thé en vieux Saxe, décor vue de ville avec figures.

97 — Coquille du Japon, décor laqué fond noir à rehauts d'or.

98 — Petit Vase de la Chine à quatre faces, décor rose marbré.

99 — Boîte à thé de Saxe, décor médaillons et oiseaux.

100 — Vase de la Chine, décor flambé.

101 — Deux jolis Gourdes en vieux Chine, décor bleu et or, montées en argent.

102 — Tasse et Soucoupe de Saxe, décor fleurs et rinceaux à rehauts d'or.

103 — Jolie Tasse avec Soucoupe en vieux Saxe, décor Jardinier et Jardinière.

104 — Fruit en vieux Chine.

105 — Petite Coupe en vieux Chine, fond rouge, médaillon de fleurs.

106 — Deux Tasses de Vienne, décor de sujets allégoriques et rehauts d'or.

107 — Tasse et Soucoupe de Sèvres, décor à sujets chinois rehaussé d'or.

108 — Petit Plat en faïence, décor bleu à fleurs.

109 — Tasse et Soucoupe de Sèvres, décor par bande, à fleurs et rinceaux, époque Louis XVI.

110 — Tasse et Soucoupe de Sèvres Louis XVI, décor à rayures et médaillon à figures.

111 — Fruit en vieux Chine.

112 — Tasse et Soucoupe de Sèvres, de la République, décor à trophées patriotiques, fleurs et guirlandes.

113 — Tasse avec Couvercle et Soucoupe de Saxe, fond d'or, sujet Amour.

114 — Tasse et Soucoupe de Sèvres Louis XV, décor amours et fleurs en camaïeu rose.

115 — Tasse et Soucoupe de Sèvres Louis XVI, décor médaillon paysage, fond œil-de-perdrix.

116 — Petite Théière en vieux Chine, forme fruit.

116 *bis* — Tasse et Soucoupe de Sèvres Louis XVI, décor la petite Fileuse en camaïeu.

117 — Deux Tasses et Soucoupes, décor à fleurs, bordure verte et rinceaux d'or.

118 — Gourde d'applique de Chine, fond rouge et or.

119 — Grand Bol en vieux Japon, décor polychrome.

120 — Deux Bouteilles en terre décorée.

OBJETS DE VITRINE

121 — Deux moitiés de Boules d'ivoire, à l'intérieur desquelles se présentent, sculptées en haut-relief : *l'Adoration des rois Mages et l'Adoration des bergers*. Travail remarquable attribué au XVIe siècle.

122 — Plaque en émail de Limoges, représentant *la Flagellation*. Peinture en couleur rehaussée d'or, attribuée à N. Pénicaud. Cadre en cuivre.

122 *bis* — Grande Plaque en émail peint, représentant une dame et des seigneurs en costumes Henri II, chassant le cerf.

123 — Petit Couteau à manche d'ivoire, représentant *l'Amour aux yeux bandés* (XVIIe siècle).

124 — Étui à flacon en nacre posée d'argent, époque Louis XVI.

125 — Petit Vase en ivoire, monture en cuivre, surmonté d'un groupe de *la Vierge et l'Enfant*.

126 — Trois petits Portraits de rois de France, dans un cadre à fond de velours.

127 — Petit Flacon, forme vase, en cristal fumé, monture en argent émaillé.

128 — Petit Flacon en vieux Saxe, formé par un groupe Enfant et Chèvre.

129 — Petit Reliquaire à quatre faces en bois sculpté, monture en filigrane d'argent, époque Louis XIII.

130 — Flacon en simili-ambre gravée, avec bouchon forme chimère.

131 — Miniature : Portrait de jeune fille coiffée d'un foulard, époque de la Révolution.

132 — Jolie Miniature ovale, représentant une jeune Femme en bouquetière.

133 — Médaillon en biscuit, offrant, en bas-relief, une *Offrande au dieu Pan*, attribué à Falconet.

134 — Émail de Saxe représentant, en camaïeu, des Personnages de la Comédie italienne, d'après Watteau. Cadre en bronze.

135 — Trousse de médecin en laque fin du Japon, fond d'or avec personnages en ivoire.

136 — Applique en bronze du Japon tacheté d'or, avec feuillages en relief.

137 — Poignard à manche d'ivoire.

138 — Fruit en vieux Chine.

139 — Très petit Livre : Exercice du Chrétien, reliure rehaussée d'or.

140 — Divinité japonaise enfermée dans une pagode laquée d'or, s'ouvrant en triptyque.

141 — Miniature ronde : Vue d'un port de mer, attribué à Savignac.

142 — Beau Haut-relief sur ivoire, représentant Saint-Georges.

143 — Six Insectes en bronze du Japon (Sera divisé).

144 — Cache-Peigne en écaille, avec camée sur turquoise, monture en filigrane d'or.

145 — Flacon en émail de Bétersée : Groupe de petits personnages.

146 — Médaillon rond, bas-relief en bronze : *la Sainte Famille*. Epoque Louis XVI.

147 — Châtelaine porte-laine en ivoire, monture en argent, Louis XV.

148 — Chimère jouant avec une boule de Chine fond jaune.

149 — Demi-Parure émaillée sur argent, dans le style du XVIe siècle, enrichie de rubis et de perles.

150 — Petit Portrait d'homme, sur bois, avec cadre en bois sculpté ancien.

151 — Haut-relief repoussé sur argent, représentant une Assomption d'anges, époque Louis XVI. Cadre en écaille.

152 — Grande et belle Miniature : *Renaud dans les jardins d'Armide*. Cadre en bois finement sculpté et doré, Louis XIV.

153 — Bas-relief à semis de fleurs repercé sur jade vert, enrichi de grenats. Travail indien.

154 — Bas-relief sur ivoire, représentant quatre sujets du Nouveau Testament. Cadre en bois noir, XVIe siècle.

155 — Quatre Tableaux, en bois laqué, sujets divers, XVIIIe siècle.

156 — Deux Peintures sous verre, représentant des Scènes d'intérieur sous Louis XV.

157 — Grand Peigne en argent doré, de l'Empire.

158 — Poignard oriental, lame, poignée et garniture de fourreau incrustées d'argent.

Vve Renou et Maulde, imprimeurs de la Compagnie des Commissaires-Priseurs, rue de Rivoli, 144. 1000—68119

www.ingramcontent.com/pod-product-compliance
Ingram Content Group UK Ltd.
Pitfield, Milton Keynes, MK11 3LW, UK
UKHW020516180726
13839UKWH00005B/2113

9 782329 521800